AF339669

CHOIX

DE

CANTIQUES

MILITAIRES

LYON

IMPRIMERIE DE GIRARD ET JOSSERAND

Rue Saint-Dominique, 13

—

1860

CHOIX

DE

CANTIQUES

MILITAIRES

LYON

IMPRIMERIE DE GIRARD ET JOSSERAND

Rue Saint-Dominique, 13

—

1860

CHOIX

DE

CANTIQUES MILITAIRES.

—◇—

Sur le respect humain.

Chœur. Bravons les enfers,
      Brisons tous nos fers,
      Sortons de l'esclavage.
      Unissons nos voix,
      Rendons à la croix
Un sincère et public hommage.

1. Jurons haine au respect humain,
Brisons cette idole fragile ;
Sur ses débris que notre main
Elève un trône à l'Evangile.

2. Chrétiens, d'une vaine terreur
Serons-nous toujours la victime ?
Qu'il soit banni de notre cœur
Le cruel tyran qui l'opprime.

3. Sous le joug d'un monde censeur
Nous gémissons dès notre enfance ;
Recouvrons, vengeons notre honneur,
Proclamons notre indépendance.

4. Partout flottent les étendards
Qu'arbore à nos yeux la licence ;
Faisons briller à ses regards
La bannière de l'innocence.

5. Tout chrétien doit être un soldat
Rempli d'ardeur, né pour la gloire ;
Quand son chef le mène au combat,
Tremblant, il fuirait la victoire !

6. Eh quoi ! lorsque l'impiété
Déploie au grand jour sa bannière,
Disciple de la vérité,
Moi seul je fuirais la lumière !

7. Tandis que sur le champ d'honneur
La valeur signale les braves,
On me verrait, lâche et sans cœur,
Traînant les chaînes des esclaves !

8. Seigneur, ton camp sera le mien
Tant qu'il coulera dans mes veines
Quelques gouttes de sang chrétien :
Monde, tes menaces sont vaines.

9. Divin Roi, jusqu'à mon trépas
Mon cœur te restera fidèle ;
Puisse la croix, guidant mes pas,
Me voir tomber, mourir près d'elle !

10. Chretiens, le signal est donné,
Hâtons-nous, courons à la gloire ;
L'heure du triomphe a sonné,
Le ciel nous promet la victoire.

L'Enfant de Marie.

AIR n° 18.

Chœur. Bonne Marie.
Mère chérie,
Quoi ! vous m'appelez votre enfant !
Bonne Marie,
Mère chérie,
Je le suis, j'en fais le serment.

1. J'entends une voix attendrie
Me dire au cœur à chaque instant :
Mon fils, seras-tu de Marie,
Pour toujours seras-tu l'enfant ?   Bonne.

2. Pour toi mon amour est sincère ;
Pour moi le tien l'est-il autant ?
Moi, je t'aime comme une mère ;
Toi, m'aimes-tu comme un enfant ? Bonne.

3. Si l'affreux péché te convie
A transgresser ce doux serment,
Réponds-lui : Je suis à Marie ;
A jamais je suis son enfant.   Bonne.

4. Et quand un jour à la lumière
Se fermera ton œil mourant,
Ne crains pas que ta bonne Mère
Abandonne alors son enfant.   Bonne.

5. Conduit par moi dans la patrie
Où l'éternel bonheur t'attend,
Tu t'écriras : Bonne Marie,
Qu'il est doux d'être votre enfant ! Bonne.

Encouragements à la ferveur.

1. Goûtez, âmes ferventes,
Goûtez votre bonheur ;
Mais demeurez constantes
Dans votre sainte ardeur.

Refrain. Heureux le cœur fidèle
Où règne la ferveur !
On possède avec elle
Tous les dons du Seigneur. (*bis.*)

2. Elle est le vrai partage
Et le sceau des élus ;
Elle est l'appui, le gage
Et l'âme des vertus.   Heureux.

3. Par elle la foi vive
S'allume dans les cœurs,
Et sa lumière active
Guide et règle nos mœurs. Heureux.

4. Par elle l'espérance
Ranime ses soupirs,
Et croit jouir d'avance
Des célestes plaisirs.   Heureux.

5. Par elle dans les âmes
S'accroît de jour en jour
L'activité des flammes
Du pur et saint amour.   Heureux.

6. C'est sa vertu puissante
Qui garantit nos sens
De l'amorce attrayante
Des plaisirs séduisants.   Heureux.

7. De l'âme pénitente
Elle adoucit les pleurs,
Et de l'âme souffrante
Elle éteint les douleurs.   Heureux.

8. Sous ses heureux auspices,
On goûte les bienfaits,
Les charmes, les délices
De la plus douce paix.   Heureux.

Invocation au Saint-Esprit.

Refrain. Esprit saint, descendez en nous,
Embrasez notre cœur de vos feux les plus doux.

1. Sans vous notre vaine prudence
Ne peut, hélas ! que s'égarer.
Ah ! dissipez notre ignorance ;
    Esprit d'intelligence,
    Venez nous éclairer.

2. Le noir enfer, pour nous livrer la guerre,
Se réunit au monde séducteur :
Tout est pour nous embûche sur la terre ;
Soyez, soyez notre libérateur.

3. Enseignez-nous la divine sagesse ;
Seule elle peut nous conduire au bonheur :
Dans ses sentiers, qu'heureuse est la jeunesse !
    Qu'heureuse est la vieillesse !

Récompense de la vertu.

AIR n° 15.

1. Le ciel en est le prix !
Que ces mots sont sublimes !

Des plus belles maximes
Voilà tout le précis.
Le ciel (*ter*) en est le prix. (*bis.*)

2. Le ciel en est le prix !
Mon âme, prends courage.
Ah ! si dans l'esclavage
Ici-bas tu gémis,   Le ciel.

3. Le ciel en est le prix !
Amusement frivole,
De grand cœur je t'immole
Au pied du crucifix ;   Le ciel.

4. Le ciel en est le prix !
Endurons cette injure ;
L'amour-propre en murmure,
Mais tout bas je lui dis :   Le ciel.

5. Le ciel en est le prix !
Dans l'éternel empire,
Qu'il sera doux de dire :
Tous mes maux sont finis ;   Le ciel.

Sentiments de contrition.

1. Mon doux Jésus, enfin voici le temps
De pardonner à nos cœurs pénitents :
  Nous n'offenserons jamais plus   } *bis.*
    Votre bonté suprême,
    O doux Jésus !

2. Puisqu'un pécheur vous a coûté si cher,
Faites-lui grâce, il ne veut plus pécher.
  Ah ! ne perdez pas cette fois
    La conquête admirable
    De votre croix.

3. Enfin, mon Dieu, nous sommes à genoux
Pour vous prier de pardonner à tous ;
Pardonnez-nous, ô Dieu clément !
Lavez-nous de nos crimes
Dans votre sang.

Cantique d'actions de grâces.

Refrain. Bénissons à jamais
Le Seigneur dans ses bienfaits. ⎫ *bis.*

1. Bénissez-le, saints anges,
Louez sa majesté,
Rendez à sa bonté
Mille et mille louanges.   Bénissons.

2. Fut-il jamais un père
Qui de ses chers enfants,
Par des soins plus touchants,
Soulageât la misère ?   Bénissons.

3. Pasteur tendre et fidèle,
Sans craindre le travail,
Il ramène au bercail
Une brebis rebelle.   Bénissons.

4. Il console mon âme,
La nourrit de son pain ;
A ce banquet divin
Il veut qu'elle s'enflamme. Bénissons.

5. Sa bonté me supporte,
Sa lumière m'instruit,
Sa beauté me ravit,
Son amour me transporte.   Bénissons.

6. Oui, sa douceur m'entraine,
Sa grâce me guérit,

Sa force m'affermit,
Sa charité m'enchaîne.   Bénissons.

7. Dieu seul est ma richesse,
Dieu seul est mon soutien,
Dieu seul est tout mon bien ;
Je redirai sans cesse :   Bénissons.

Le Souvenir de la première Communion.

Air connu.

1. Te souviens-tu du beau jour de ta vie
Où tu reçus pour la première fois
Ce pain du ciel que l'ange nous envie,
Ce même Dieu mort pour nous sur la croix ?
Ton front brillait des grâces du jeune âge ;
De beaux habits l'on t'avait revêtu.
C'était alors grande fête au village :
Dis-moi, soldat, dis-moi, t'en souviens-tu ?

2. Te souviens-tu de la paix enivrante
Que tu goûtais en ce jour fortuné ?
Quels plaisirs purs dans ton âme innocente !
En se donnant, Dieu t'avait tout donné.
Tu possédais le bonheur véritable :
Le ciel était dans ton cœur descendu.
Que du Seigneur le joug était aimable !
Dis-moi, soldat, dis-moi, t'en souviens-tu ?

3. Te souviens-tu de cette tendre mère
Qui, l'œil sur toi, partageait ton bonheur ?
Des pleurs bien doux inondaient sa paupière
Lorsque Jésus descendait dans ton cœur.
Elle priait : « O mon Dieu, disait-elle,
« Qu'il soit toujours fidèle à la vertu !

« O bonne Vierge, étends sur lui ton aile. »
Dis-moi, soldat, dis-moi, t'en souviens-tu ?

4. Te souviens-tu de la sainte promesse,
Par toi jurée à la face du ciel,
D'être à Jésus, de combattre sans cesse
Sous les drapeaux de ce chef immortel ?
Sublime élan de la reconnaissance,
Serment sacré dont l'enfer fut ému,
Vous promettiez plus de persévérance !...
Dis-moi, soldat, dis-moi, t'en souviens-tu ?

5. Te souviens-tu de l'antique chapelle
Où va prier le pauvre chaque jour ?
Te souviens-tu qu'à la Vierge fidèle
Tu vins jurer un éternel amour ?
Tu lui disais : « O Mère, sois mon guide ;
« Contre les traits d'un monde corrompu,
« Viens m'abriter sous ta puissante égide. »
Dis-moi, soldat, dis-moi, t'en souviens-tu ?

6. Te souviens-tu de cet ami d'enfance,
Au saint banquet assis auprès de toi ?
Mais lui du moins a gardé l'innocence :
Non, non, jamais il n'a trahi sa foi.
Il plaint ton sort : ah ! que de fois il prie
Pour un ami depuis longtemps perdu !
Par son exemple à toute heure il te crie :
« Dis-moi, soldat, dis-moi, t'en souviens-tu ? »

7. — Je m'en souviens !... je sens couler mes lar-
J'ai violé mes saints engagements.   [mes :
Monde trompeur, tu me vantais tes charmes ;
Tes vains plaisirs n'engendrent que tourments.
Ah ! je reviens sous la sainte bannière
Où l'âme goûte une si douce paix.
Jésus, mon Roi, Marie, ô tendre Mère,
Je suis à vous cette fois pour jamais.

Le Soldat à la Vierge Marie.

Air n° 4.

1. J'ai dû quitter ma paisible chaumière ;
A mes parents j'ai dit un long adieu :
Sur le soldat séparé de sa mère
Veillez toujours, Vierge, Mère de Dieu.

Chœur. Vierge Marie,
   Priez pour nous ;
   Mère chérie,
  Votre amour est si doux !

2. Vous le savez, dès ma plus tendre enfance,
On m'apprenait à bénir votre nom :
Ce souvenir, tout rempli d'espérance,
M'est un garant d'amour et de pardon.

3. L'impiété, conduite par le vice,
M'attaquera sans doute en mon chemin ;
Mais votre amour, aimable protectrice,
Me défendra contre son noir venin.

4. Je suis soldat, je suis Français, ma Mère ;
Jamais l'effroi n'a fait battre mon cœur ;
Mais s'il s'agit, Vierge, de vous déplaire,
Priez pour nous, bonne Mère, j'ai peur.

Pour l'Élévation et la Bénédiction.

Refrain. O Roi des cieux,
   Vous nous rendez tous heureux ;
   Vous comblez tous nos vœux
  En résidant pour nous en ces lieux.

1. Prodige d'amour !
Dans ce séjour
Vous vous immolez pour nous chaque jour ;
A l'homme mortel
Vous offrez un aliment éternel.   O Roi.

2. Seigneur, vos enfants
Reconnaissants
Viennent offrir et leurs cœurs et leurs chants ;
A vous sans retour
Ils ont juré de donner leur amour.   O Roi.

Hymne de saint Casimir.

1. Unis aux concerts des anges,
Aimable Reine des cieux,
Nous célébrons tes louanges
Par nos chants mélodieux.

De Marie
Qu'on publie
Et la gloire et les grandeurs ;
Qu'on l'honore,
Qu'on l'implore,
Qu'elle règne sur nos cœurs !

2. Auprès d'elle la nature
Est sans grâce et sans beauté,
Les cieux perdent leur parure,
L'astre du jour sa clarté.   De Marie.

3. C'est le lis de la vallée
Dont le parfum précieux
Sur la terre désolée
Attira le Roi des cieux.   De Marie.

4. C'est l'auguste sanctuaire
Que le Dieu de majesté

Inonda de sa lumière,
Embellit de sa beauté.   De Marie.

5. C'est la Vierge incomparable,
Gloire et salut d'Israël,
Qui, pour un monde coupable,
Fléchit le courroux du ciel.   De Marie.

6. Pour tout dire, c'est Marie :
Dans ce nom que de douceur !
Nom d'une Mère chérie !
Nom, doux espoir du pécheur ! De Marie.

7. Ah ! vous seuls pouvez nous dire,
Mortels qui l'avez goûté,
Combien doux est son empire,
Combien grande est sa bonté.   De Marie.

8. Qui jamais de la détresse
Lui fit entendre le cri,
Et n'obtint de sa tendresse
Sous son aile un sûr abri ?   De Marie.

9. Vous qui d'un monde perfide
Craignez les puissants appas,
Si Marie est votre égide,
Non, vous ne périrez pas.   De Marie.

10. En vain l'enfer en furie
Frémirait autour de vous ;
Si vous invoquez Marie,
Vous braverez son courroux.   De Marie.

11. Oui, je veux, ô tendre Mère,
Jusqu'à mon dernier soupir,
T'aimer, te servir, te plaire,
Et pour toi vivre et mourir.   De Marie.

Le saint Nom de Jésus.

1. Vive Jésus !
C'est le cri de mon âme ;
Vive Jésus, le maître des vertus !
Aimable nom, quand ma voix te réclame,
D'un nouveau feu pour toi mon cœur s'enflamme :
Vive Jésus ! (*bis.*)

2. Vive Jésus !
C'est le cri qui rallie
Sous ses drapeaux le peuple des élus.
Suivre Jésus, c'est aussi mon envie ;
Suivre Jésus, c'est mon bien, c'est ma vie :
Vive Jésus ! (*bis.*)

3. Vive Jésus !
C'est un cri d'espérance
Pour les pécheurs repentants et confus ;
Sur eux du ciel attirant la clémence,
Ce nom sacré soutient leur pénitence :
Vive Jésus ! (*bis.*)

4. Vive Jésus !
A ce cri de vaillance,
Je verrai fuir les démons éperdus.
Un mot suffit pour dompter leur puissance,
Pour terrasser leur superbe insolence :
Vive Jésus ! (*bis.*)

5. Vive Jésus !
C'est le cri de victoire
Qui retentit au séjour des élus.
De leurs combats consacrant la mémoire,
Ce nom puissant éternise leur gloire :
Vive Jésus ! (*bis.*)

6. Vive Jésus !
Vive sa tendre Mère !
Elle est aussi la mère des élus.
Si nous l'aimons, si nous voulons lui plaire,
Chantons Jésus, notre Dieu, notre frère :
Vive Jésus ! (*bis.*)

7. Vive Jésus !
Qu'en tout lieu la victoire
Mette à ses pieds les méchants confondus :
O nom sacré, nom cher à ma mémoire,
Puissé-je vivre et mourir pour ta gloire !
Vive Jésus ! (*bis.*)

Le Prêtre et le Soldat.

Air : *T'en souviens-tu.*

1. Il fut un temps où l'enfer dans sa haine,
Pour éloigner l'Esprit saint de nos camps,
Contre le prêtre avait tendu la chaîne,
Et l'entourait de regards méfiants ;
Mais aujourd'hui la foi n'est plus trahie,
L'homme de Dieu revient avec éclat.
Les deux remparts gardiens de la patrie } *bis.*
Seront toujours le prêtre et le soldat.

2. L'homme du ciel et l'homme de la France
Doivent marcher sous le même étendard :
Qui les sépare est un traître en démence,
De la discorde aiguisant le poignard.
L'esprit du mal, par cette fourberie,
Toujours médite un nouvel attentat.
Les deux remparts gardiens de la patrie } *bis.*
Seront toujours le prêtre et le soldat.

3. Prêtre et soldat partout sont solidaires ;
Aux mêmes lois ils doivent obéir ;
Au même point leurs devoirs sont austères,
Quand il s'agit de marcher et mourir.
Qu'on leur demande et leur sang et leur vie,
A l'instant même ils signent un contrat.
Les deux remparts gardiens de la patrie{ *bis.*
Seront toujours le prêtre et le soldat.

4. Prêtre et soldat ont même destinée,
Car leur devise est : Combattre et souffrir ;
Sur même champ leur gloire est burinée,
Car sur la brèche ils tombent sans pâlir :
L'un pour le ciel en assistant son frère,
L'autre en mourant pour l'honneur et l'Etat.
Il est deux cœurs battant de même artère:{ *bis.*
Ce sont les cœurs du prêtre et du soldat.{

5. Le prêtre veille auprès de son Calvaire,
Et le soldat auprès de son drapeau :
L'un de Satan courageux adversaire,
L'autre du trouble implacable fléau.
Si du tocsin les lugubres alarmes
D'un feu terrible annoncent le dégât,
Les deux premiers qu'on voit courir aux{
                   armes,{ *bis.*
Ce sont toujours le prêtre et le soldat.{

6. Le Tout-Puissant voulut que dans leurs âmes
Brûlât toujours un instinct généreux,
Et que, portant les mêmes oriflammes,
Ils fussent tous en aide aux malheureux,
Aux opprimés, aux faibles sans défense,
Aux indigents que leur misère abat.
Jamais l'enfer ne sera maître en France{ *bis.*
Tant que vivront le prêtre et le soldat.{

7. Le Rédempteur naquit dans une étable,
Pour nous montrer le néant des grandeurs,
Pour nous prouver qu'une œuvre inimitable
Peut prendre source aux plus humbles labeurs.
Notre Seigneur fut le premier pontife,
Contre l'enfer sa croix fut un combat,
Pour nous son sang coula devant Caïphe : } *bis.*
Notre Sauveur était prêtre et soldat.

8. O bon Sauveur, protégez notre armée,
Embrasez-la du feu de votre amour ;
Par sa valeur qu'elle soit renommée,
Et qu'à vous seul elle soit sans retour.
Oh ! de la mère adoucissez les larmes
Lorsque son fils part pour servir l'Etat,
Et bénissez les deux compagnons d'armes, } *bis.*
Le pauvre prêtre et le brave soldat.

Cantique à saint Maurice,

PATRON DES SOLDATS.

Air nouveau.

1. Loin du lieu de notre naissance
Le ciel a dirigé nos pas,
Et sous les drapeaux de la France
Nous servons, fidèles soldats.
Mais il est une autre bannière
Que nous devons aussi servir,
Pour qui tout chrétien sur la terre
Doit savoir combattre et mourir.

O saint patron des militaires,
Nous sommes guerriers comme vous.
Du haut des cieux guidez vos frères ;
Saint Maurice, priez pour nous.

2. O vous qui sûtes de l'impie
Braver l'impuissante fureur,
Et qui donnâtes votre vie
Pour rester fidèle au Seigneur,
Nous voulous tous, à votre image,
Demeurer chrétiens dans les camps;
Inspirez-nous votre courage
Pour vaincre en dépit des méchants.

O saint patron des militaires,
Nous sommes guerriers comme vous.
Du haut des cieux guidez vos frères ;
Saint Maurice, priez pour nous.

3. Jadis, à votre voix guerrière,
On vit, sans trouble et sans effroi,
Une légion tout entière
Tomber martyre de la foi.
Offrant au glaive leur poitrine,
Ils souriaient à leurs bourreaux,
Et, pleins d'une vertu divine,
Ces lions mouraient en agneaux.

O saint patron des militaires,
Nous sommes guerriers comme vous.
Du haut des cieux guidez vos frères ;
Saint Maurice, priez pour nous.

4. La mort n'est plus le sacrifice
Que Dieu nous demande aujourd'hui ;
De vains mots, voilà le supplice
Qu'il nous faut supporter pour lui.
Lui rendre sans faiblesse d'âme
L'hommage que nous lui devons,
C'est là de nous ce qu'il réclame,
Et ce que nous lui donnerons.

O saint patron des militaires,
Nous sommes guerriers comme vous.
Du haut des cieux guidez vos frères ;
Saint Maurice, priez pour nous.

5. Que l'amour de la discipline
Et l'amour sacré du Seigneur
Fassent battre notre poitrine
D'une même et sublime ardeur ;
Et puissions-nous toute la vie
Garder unis au fond du cœur
Et le drapeau de la patrie
Et la croix sainte du Sauveur !

O saint patron des militaires,
Nous sommes guerriers comme vous.
Du haut des cieux guidez vos frères ;
Saint Maurice, priez pour nous !

Litanies du Soldat.

AIR : *Partant pour la Syrie.*

1. Jésus, notre bon maître,
Ayez pitié de nous ;
Dieu qui voulûtes naître,
Jésus, exaucez-nous.
Montrez-vous favorable
A de pauvres soldats,
Soyez-leur secourable } *bis.*
A l'heure des combats. }

2. Dieu du ciel, notre Père,
Esprit trois fois heureux,
Ineffable mystère,
Astre majestueux,
Soyez notre assistance,

Nous nous donnons à vous;
Trinité par essence,   } *bis.*
Ayez pitié de nous.

3. Sainte Vierge Marie,
Sainte Mère de Dieu,
Mère trois fois chérie,
Secourable en tout lieu,
Embrasez notre armée
D'un tendre amour pour vous :
O Mère bien-aimée,   } *bis.*
Priez, priez pour nous.

4. Vierge toujours fidèle,
Refuge des pécheurs,
Mettez-nous sous votre aile,
Et réchauffez nos cœurs ;
C'est en vous que repose
Notre espoir le plus doux :
Sainte et mystique rose,   } *bis.*
Priez, priez pour nous.

5. Sainte Reine des anges,
Etoile du matin,
Couronne des archanges,
Palais d'amour divin,
Devant votre puissance
Nous sommes à genoux :
Noble espoir de la France, } *bis.*
Priez, priez pour nous.

6. Consolez ceux qui pleurent,
Recours des délaissés ;
Assistez ceux qui meurent
Loin de leurs toits aimés ;
Tenez-leur lieu de mère
Et des soins les plus doux.

O Vierge tutélaire,   } *bis.*
Priez, priez pour nous. }

'7. Mère toujours aimable,
Secours des affligés,
Providence admirable
De tous vos protégés,
Source de notre joie,
Nous recourons à vous :
Montrez-nous notre voie, } *bis.*
Priez, priez pour nous. }

8. Patronne de la France
Et soutien de l'Etat,
Soyez en toute chance
La mère du soldat ;
Mère toujours si bonne
Pour ceux qui sont à vous,
Sainte et douce patronne, } *bis.*
Priez, priez pour nous. }

9. Souvenez-vous, Marie,
Que jamais être humain
Qui vous aime et vous prie
Ne resta sans soutien ;
Telle est notre espérance,
Nous y recourons tous.
O Vierge de clémence, } *bis.*
Priez, priez pour nous. }

10. Agneau de Dieu fait homme,
Veuillez nous pardonner;
Jésus, né sous le chaume,
Daignez nous exaucer.
Victime du Calvaire,
Que serions-nous sans vous ?
Sublime et sainte Mère, } *bis.*
Priez, priez pour nous. }

Les Bienfaits de la foi.

Air : *Sainte cité.*

1. Sur vos parvis, puissant Dieu des armées,
Nous accourons pour chanter vos grandeurs ;
Faites goûter à nos âmes charmées
De votre amour les divines faveurs.
Pour ta patrie,
Soldat chrétien,
Combats et prie;
Dieu sera ton soutien (*bis*).

2. Quoi de plus doux que de prier un père,
D'être pour Dieu des fils reconnaissants ?
Quoi de plus doux que d'aimer une mère,
D'aimer Marie et d'être ses enfants ?
Pour ta patrie,
Soldat chrétien,
Combats et prie ;
Dieu sera ton soutien (*bis*).

3. Rien n'est plus beau qu'un soldat sous les armes :
Or, la prière est l'arme du chrétien,
Et par son aide il conjure les charmes
De Lucifer, de l'archange païen.
Pour ta patrie,
Soldat chrétien,
Combats et prie;
Dieu sera ton soutien (*bis*).

4. Quand l'infortune à la serre cruelle,
Pauvre soldat, vient te saisir au cœur,
Tu dois subir une étreinte mortelle
Si tu n'as pas Dieu pour consolateur.
Pour ta patrie,

            Soldat chrétien,
            Combats et prie;
        Dieu sera ton soutien (*bis*).

5. Mais si du ciel la grâce bienfaisante
Vient t'apporter des consolations,
Dieu changera ta peine désolante
En vrais trésors de bénédictions.
            Pour ta patrie,
            Soldat chrétien,
            Combats et prie;
        Dieu sera ton soutien (*bis*).

6. Notre Sauveur, le héros du Calvaire,
Veut qu'on l'imite et qu'on porte sa croix,
Et ce seront la peine et la prière
Qui formeront les élus de son choix.
            Pour ta patrie,
            Soldat chrétien,
            Combats et prie;
        Dieu sera ton soutien (*bis*).

7. Depuis longtemps la voix de Dieu t'appelle,
Brave soldat, point de respect humain :
Pour arriver à la vie éternelle,
Il faut toujours suivre le droit chemin.
            Pour ta patrie,
            Soldat chrétien,
            Combats et prie;
        Dieu sera ton soutien (*bis*).

8. Un vrai soldat marche la tête haute,
Et ne rougit jamais de son drapeau;
Un lâche seul commettrait cette faute,
Car l'étendard du Christ est le plus beau.
            Pour ta patrie,
            Soldat chrétien,

Combats et prie;
Dieu sera ton soutien (*bis*).

La Passion de Jésus-Christ.

1. Au sang qu'un Dieu va répandre,
Ah ! mêlez du moins vos pleurs,
Chrétiens qui venez entendre
Le récit de ses douleurs ;
Puisque c'est pour vos offenses
Que ce Dieu souffre aujourd'hui,
Animés par ses souffrances,
Vivez et mourez pour lui.

2. Dans un jardin solitaire,
Il sent de rudes combats;
Il prie, il craint, il espère;
Son cœur veut et ne veut pas.
Tantôt la crainte est plus forte,
Tantôt l'amour est plus fort;
Mais enfin l'amour l'emporte
Et lui fait choisir la mort.

3. Judas, que la fureur guide,
L'aborde d'un air soumis;
Il l'embrasse, et ce perfide
Le livre à ses ennemis.
Judas, un pécheur t'imite
Quand il feint de l'apaiser ;
Souvent sa bouche hypocrite
Le trahit par un baiser.

4. On l'abandonne à la rage
De cent tigres inhumains;
Sur son aimable visage
Les soldats portent les mains.

Vous deviez, anges fidèles,
Témoins de ces attentats,
Ou le mettre sous vos ailes,
Ou frapper tous ces ingrats.

5. Ils le traînent au grand-prêtre,
Qui seconde leur fureur,
Et ne veut le réconnaître
Que pour un blasphémateur.
Quand il jugera la terre,
Le Sauveur aura son tour;
Aux éclats de son tonnerre
Tu le connaîtras un jour.

6. Tandis qu'il se sacrifie,
Tout conspire à l'outrager;
Pierre lui-même l'oublie
Et le traite d'étranger.
Mais Jésus perce son âme
D'un regard tendre et vainqueur,
Et met, d'un seul trait de flamme,
Le repentir dans son cœur.

7. Chez Pilate on le compare
Au dernier des scélérats.
Qu'entends-je? ô peuple barbare !
Tes cris sont pour Barabbas.
Quelle indigne préférence !
Le Juste est abandonné;
On condamne l'innocence,
Et le crime est pardonné.

8. On le dépouille, on l'attache,
Chacun arme son courroux:
Je vois cet agneau sans tache
Tombant presque sous les coups.
C'est à nous d'être victimes;

Arrêtez, cruels bourreaux !
C'est pour effacer vos crimes
Que son sang coule à grands flots.

9. Une couronne cruelle
Perce son auguste front ;
A ce chef, à ce modèle,
Mondains, vous faites affront :
Il languit dans les supplices,
C'est un homme de douleurs ;
Vous vivez dans les délices,
Vous vous couronnez de fleurs.

10. Il marche. il monte au Calvaire,
Chargé d'un infâme bois ;
De là, comme d'une chaire,
Il fait entendre sa voix :
« Ciel, dérobe à ta vengeance
Ceux qui m'osent outrager. »
C'est ainsi, quand on l'offense,
Qu'un chrétien doit se venger.

11. Une troupe mutinée
L'insulte et crie à l'envi :
« Qu'il change sa destinée.
Alors nous croirons en lui ! »
Il peut la changer sans peine,
Malgré vos nœuds et vos clous ;
Mais le nœud qui seul l'enchaine,
C'est l'amour qu'il a pour nous.

12. Ah ! de ce lit de souffrance,
Seigneur, ne descendez pas ;
Suspendez votre puissance,
Restez-y jusqu'au trépas.
Mais tenez votre promesse,
Attirez-nous près de vous :

Pour prix de votre tendresse,
Puissions-nous y mourir tous !

13. Il expire !... et la nature
Dans lui pleure son auteur ;
Il n'est point de créature
Qui ne marque sa douleur.
Un spectacle si terrible
Ne pourra-t-il me toucher ?
Et serai-je moins sensible
Que n'est le plus dur rocher ?

Prière du jeune Soldat.

Air connu.

Ave, Maria !
Écoute ma prière,
O bonne Mère :
Ave, Maria !

1. Loin de mon village,
Seul et sans secours,
A ton patronage,
Vierge, j'ai recours.   Ave, etc.

2. Partout la licence
S'offre à mes regards ;
Une foule immense
Suit ses étendards.   Ave, etc.

3. J'entends le blasphème,
Ce monstre odieux,
Braver Dieu lui-même
Jusque dans les cieux.   Ave, etc.

4. Je vois la furie
De l'impiété;
Le soldat qui prie
Est persécuté.   Ave, etc.

5. Du jour qu'il soupçonne
Mon amour pour toi,
L'ami m'abandonne,
Il rit de ma foi.   Ave, etc.

6. L'enfer se déchaîne :
Ah ! je vais périr !
Douce souveraine,
Viens me secourir.   Ave, etc.

7. Puissante patronne,
Oh ! tends-moi les bras :
On te dit si bonne
Envers les soldats !   Ave, etc.

8. Vierge toujours pure,
Conserve à mon cœur
Exempt de souillure
Toute sa pudeur,   Ave, etc.

9. Que, soldat fidèle,
Plein d'amour pour toi,
J'observe avec zèle
La divine loi.   Ave, etc.

10. Pour Dieu que je brave
La mort, s'il le faut,
Laissant à l'esclave
La peur d'un vain mot.   Ave, etc.

11. Rends-moi ma chaumière ;
Console l'amour
D'une pauvre mère
Qui compte les jours.   Ave, etc.

12. Qu'elle te bénisse
En me revoyant ;
C'est toi qui du vice
Sauvas son enfant.   Ave, etc.

Le Soldat chrétien.

1. Jeune soldat, parti de ta chaumière,
Pour te ranger sous un noble drapeau ,
Ah ! garde-toi d'oublier la prière
Que l'on t'apprit au foyer du hameau.
C'est là toujours qu'on trouve du courage
Pour aborder les chances du combat.
Qui sait prier, sait affronter l'orage :
Un bon chrétien fut toujours bon soldat.

2. Rappelle-toi les conseils de ta mère,
Lorsqu'en pleurant elle te dit : Adieu !...
En ce moment sa douleur fut amère ;
Mais tu promis d'être fidèle à Dieu.
Ce doux espoir fut pour elle un présage
Qui lui voila les dangers du combat.
Qui sait prier, sait affronter l'orage :
Un bon chrétien fut toujours bon soldat.

3. Porte toujours la médaille bénie
Qu'en te quittant elle mit sur ton cœur ;
Ce souvenir de la Vierge Marie
En tout pays te portera bonheur.
Plus d'un guerrier, fidèle à cet usage,
Ne fut jamais frappé dans le combat.
Qui sait prier, sait affronter l'orage :
Un bon chrétien fut toujours bon soldat.

4. Que de héros dont la France s'honore,
Et qui du ciel imploraient le secours !

Bayard, Turenne, et bien d'autres encore,
Au Roi des cieux s'adressaient tous les jours.
Nul vieux guerrier faisant le grand voyage
Ne veut partir sans son certificat...
Qui sait prier, sait affronter l'orage :
Un bon chrétien fut toujours bon soldat.

5. Brave guerrier, défenseur de la France,
Rappelle-toi que la croix du Sauveur
Est pour tout homme un gage d'espérance,
Et c'est de là que vient la croix d'honneur.
Que cette croix t'accompagne au village,
Après ton temps de service à l'Etat.
Qui sait prier, sait affronter l'orage :
Un bon chrétien fut toujours bon soldat.

6. Et quand de Dieu la trompette puissante
Auprès de toi sonnera le rappel,
Que cette croix, sur ta bouche expirante,
Te serve encore à répondre à l'appel ;
Que sur ta tombe elle soit le présage
Que l'Eternel a visé ton mandat...
Qui sait prier, ne craint pas le passage :
Un bon chrétien fut toujours bon soldat.

Regrets du Pécheur.

1. Hélas !
Quelle douleur
Remplit mon cœur,
Fait couler mes larmes !
Hélas !
Quelle douleur
Remplit mon cœur
De crainte et d'horreur !
Autrefois,

Seigneur, sans alarmes,
De tes lois
Je goûtais les charmes ;
Hélas !
Vœux superflus !
Beaux jours perdus,
Vous ne serez plus !

2. La mort
Déjà me suit ;
O triste nuit !
Déjà je succombe.
La mort
Déjà me suit ;
Le monde fuit,
Tout s'évanouit.
Je la vois
Entr'ouvrant ma tombe,
Et sa voix
M'appelle, et j'y tombe,
O mort,
Cruelle mort !
Si jeune encor !
Quel funeste sort !

3. Frémis,
Ingrat pécheur ;
Un Dieu vengeur,
D'un regard sévère,
Frémis,
Ingrat pécheur,
Un Dieu vengeur
Va sonder ton cœur ;
Malheureux !
Entends son tonnerre ;
Si tu peux,

Soutiens sa colère.
Frémis,
Seul aujourd'hui,
Sans nul appui,
Parais devant lui.

4. Grand Dieu !
Quel jour affreux
Luit à mes yeux !
Quel horrible abîme !
Grand Dieu !
Quel jour affreux
Luit à mes yeux !
Quels lugubres feux !
Oui, l'enfer,
Vengeur de mon crime,
Est ouvert,
Attend sa victime.
Grand Dieu !
Quel avenir !
Pleurer, gémir,
Toujours te haïr !

5. Beau ciel,
Je t'ai perdu,
Je t'ai vendu
Pour de vains caprices.
Beau ciel,
Je t'ai perdu,
Je t'ai vendu ;
Regret superflu !
Loin de toi
Toutes les délices
Sont pour moi
De nouveaux supplices.
Beau ciel,

Toi que j'aimais,
Qui me charmais,
Ne te voir jamais !

6. O vous,
Enfants pieux,
Toujours joyeux ,
Et pleins d'espérance ;
O vous,
Enfants pieux,
Toujours joyeux,
Moi seul malheureux !
J'ai voulu
Sortir de l'enfance ;
J'ai perdu
L'aimable innocence.
O vous,
Du ciel un jour
Heureuse cour,
Adieu sans retour.

7. Non, non,
C'est une erreur ;
Dans mon malheur,
Hélas ! je m'oublie.
Non, non,
C'est une erreur,
Dans mon malheur,
Je trouve un Sauveur.
Il m'entend,
Me réconcilie,
Dans son sang
Je reprends la vie.
Non, non,
Je l'aime encor,

Et le remord
A changé mon sort.

8. Jésus,
Manne des cieux,
Pain des heureux,
Mon cœur te réclame.
Jésus,
Manne des cieux,
Pain des heureux,
Viens combler mes vœux.
Désormais
Ta divine flamme
Pour jamais
Embrase mon âme.
Jésus,
O mon Sauveur,
Fais de mon cœur
L'éternel bonheur.

HYMNE AU SAINT SACREMENT.

Tantum ergo sacramentum
Veneremur cernui,
Et antiquum documentum
Novo cedat ritui :
Præstet fides supplementum
Sensuum defectui.

Genitori Genitoque
Laus et jubilatio ;
Salus, honor, virtus quoque,

Sit et benedictio :
Procedenti ab utroque.
Compar sit laudatio. Amen.

APRÈS LA BÉNÉDICTION.

Ant. Clementissime exaudi, Domine, populum tuum.

PSAUME 116.

Laudate Dominum, omnes gentes ; * laudate eum, omnes populi.

Quoniam confirmata est super nos misericordia ejus : * et veritas Domini manet in æternum.

Gloria Patri, et Filio, et Spiritui sancto : sicut erat in principio, et nunc, et semper, et in secula seculorum. Amen. Alleluia.

FIN.

AVIS.

MM. les militaires à qui on prête ce volume pour le temps du service religieux sont instamment priés de ne pas l'emporter, mais de le remettre avec soin à l'ecclésiastique qui dirige le service du culte.